Bibliografische Information der Deutschen Nationalbibliothek:

Die Deutsche Bibliothek verzeichnet diese Publikation in der Deutschen National-
bibliografie; detaillierte bibliografische Daten sind im Internet über http://dnb.d-
nb.de/ abrufbar.

Impressum:

Copyright © 2009 GRIN Verlag, Open Publishing GmbH
Druck und Bindung: Books on Demand GmbH, Norderstedt Germany
ISBN: 9783640571741

Dieses Buch bei GRIN:

http://www.grin.com/de/e-book/144276/evoting-ein-ueberblick-ueber-die-einsatz-
moeglichkeiten-von-evoting-mit

Holger Weber, Sebastian Schneider

eVoting - Ein Überblick über die Einsatzmöglichkeiten von eVoting mit dem Schwerpunkt Internetwahl und Wahlcomputer

GRIN Verlag

GRIN - Your knowledge has value

Der GRIN Verlag publiziert seit 1998 wissenschaftliche Arbeiten von Studenten, Hochschullehrern und anderen Akademikern als eBook und gedrucktes Buch. Die Verlagswebsite www.grin.com ist die ideale Plattform zur Veröffentlichung von Hausarbeiten, Abschlussarbeiten, wissenschaftlichen Aufsätzen, Dissertationen und Fachbüchern.

Besuchen Sie uns im Internet:

http://www.grin.com/

http://www.facebook.com/grincom

http://www.twitter.com/grin_com

Seminararbeit

zur Erlangung des akademischen Grades
Master of Computer Science

an der
Fernuniversität Hagen
im Studiengang

eVoting

Ein Überblick über die Einsatzmöglichkeiten von eVoting mit dem Schwerpunkt Internetwahl und Wahlcomputer

Autor: Sebastian Schneider & Holger Weber

Abgabe am: 14.08.2009

Inhalt

1 Einleitung

Die folgende Arbeit beschreibt das Thema eVoting unter den Gesichtspunkten des Wahlcomputers und der Internetwahl.

Zunächst wird die generelle Funktionsweise des eVotings beschrieben. Dabei wird eVoting definiert, verschiedene Arten erläutert und abschließend die Funktionsweise dargestellt. Der nächste Abschnitt behandelt dann die Umsetzung, welche auf die Zielgruppen, die Rahmenbedingung und auch auf die Sicherheit des eVotings eingeht. Der Abschnitt über den Nutzen stellt dann zunächst die Vorteile und Nachteile gegenüber. Er beleuchtet kurz die Auswertungsmöglichkeiten, das Alter der Wähler und die Wahlbeteiligung. Abschließend wird auf den Entwicklungsstand eingegangen, der die Schweiz, die EU und die USA betrachtet.

2 Funktionsweise eVoting

Die Gesellschaft hat sich seit den ersten bekannten Wahlen in der Antike zu einer modernen und globalen Kommunikationsgesellschaft gewandelt. Somit sind im Laufe der Zeit verschiedene Wahlmethoden entstanden, wovon eVoting die modernste Art ist. In diesem Kapitel werden die verschiedenen Formen und der allgemeine Funktionsablauf des eVotings erläutert. Als Grundlage werden die verschieden Arten zu Wählen in einer kurzen Systematik vorgestellt. Im Anschluss werden die Zusammenhänge zwischen eGoverment und eVoting erläutert.

2.1 Systematik von Wahlen

Die Art zu Wählen lässt sich in drei Gruppen einordnen. Hierbei ist das Unterscheidungsmerkmal an welchem Ort gewählt wird.

- Wahlversammlung

  Bei einer Wahlversammlung sind alle wahlberechtigten Personen am gleichen Ort versammelt und führen die Wahl gemeinsam durch. Diese die ursprünglichste Art zu wählen.

- Wahllokal

  Da mit der Größe der Territorialstaaten eine Wahlversammlung nicht mehr durchführbar war, wurden Wahllokale eingeführt. In diesen wird meist bezirksweise gewählt, wobei es hierbei zwei grundsätzliche Möglichkeiten gibt. Die Wahl von Wahlmännern, welche dann in einer Wahlversammlung wählen oder alle abgegeben Stimmen werden an einer Zentrallen Stelle zusammen geführt.

- Fernwahl

  Bei einer Fernwahl wird die Stimme nicht auf einer Wahlversammlung oder in einem Wahllokal abgeben, sondern an einem für jeden Wählenden frei wählbaren Ort. Die bekannteste Methode ist hierbei die Briefwahl. In der modernen Informationsgesellschaft kann dies jedoch mit modernen Methoden wie z.B. dem Internet oder SMS geschehen.

Die wichtigste Art der Wahl ist die politische, diese wird heute meist als Kombination von Wahllokal mit Fernwahl betrieben.

2.2 eGoverment

Auf abstrakter Ebene werden im eGoverment Prozesse von öffentlichen Verwaltungen, Politik und Staat mit Methoden der Informations- und Komunikations Technologie (IKT) um gesetzt.[1] Hier bei sind die Prozesse meist ineinander übergreifend und so entsteht eine Grauzone am Überschneidungspunkt der beiden beteiligten Prozesse. Durch diese Grauzone variieren die Definitionen je nach Betrachtung.

Als Beispiel gibt es nach Meier fünf Partizipationsprozesse beim eGoverment (siehe Abbildung 1), welche durch die stärke zweier Faktoren unterschieden werden. Der erste Faktor ist die persönliche Einbeziehung des Bürgers, diesem steht die Komplexität der Sachfrage gegenüber. Je stärker ein Bürger in einen Prozess eingebunden ist umso geringer ist die Komplexität der behandelten Sachfrage.

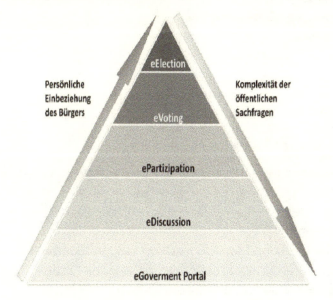

Persönliche Einbeziehung des Bürgers

Komplexität der öffentlichen Sachfragen

eElection

eVoting

ePartizipation

eDiscussion

eGoverment Portal

Abbildung 1 Partizipationsprozesse beim eGoverment[2]

2.2.1 Prozesse eVoting und eElection

Unter dem Prozess eVoting versteht Meier die Stimmabgabe bei der Entscheidung bei Sachthemen, wohingegen eElection die Wahl eines Mandatsträgers ist.

---

[1] Vgl. (2) S. 3ff.
[2] Vgl. (3) S. 164

2.2.2   Prozesse eGoverment Portal und eDiscussion

Im Prozess des eGoverment Portals werden auf einem Portal verschiedene Behördendienste in Anspruch genommen. Dies kann z.b. der Informationsabruf von einer Webseite sein. Die Diskussion komplexer Sachthemen in z.b. einem Bürgerforum wird hingegen als eDiscussion bezeichnet.[3]

2.2.3   Prozess ePartizipation

Nach einer Studie des Bundes Innenministeriums[4] werden bei ePartizipation sechs Beteiligungsformen unterschienden. Diese sind:

1. Information
2. Transparenz durch Dritte
3. Konsultation
4. Eingaben, Beschwerden und Petitionen
5. Kooperation
6. Aktivismus, Kampagnen und Lobbying

Wobei die erste Beteiligungsform durch den Prozess eGoverment Portal und eDiscussion abgedeckt wird. An diesem Beispiel, wird die vorher angesprochene Grauzone bei der Definition der einzelnen Prozesse deutlich.

2.3 Definition von eVoting

Es gibt verschiedene Definitionen des Begriffes eVoteing. In Kapitel 2.2.1 wurde die Definition von Meier im Rahmen der eGovermentprozesse dargestellt. Hansen und Meisner[5] definieren eVoting als Wahlen und Abstimmungen mit Mitteln der IKT und dem Ziel eines Aktes der Entscheidung.

Hingegen definiert Kimmer[6] wenn bei einem der Prozesse Wähleridentifikation, Stimmabgabe oder Stimmauszählung Mittel der IKT verwendet werden als eVoting. Diese Definition ist allgemein und wird dieser Arbeit zu Grunde gelegt.

2.4 Entscheidungsverfahren

Wenn es eine Stimmabgabe gibt, dann geschieht dies um eine Entscheidung herbei zu führen. Es gibt vier Entscheidungsverfahren welche in Abbildung 2 dargestellt werden und

[3] Vgl. (12) S. 162 ff.
[4] Vgl. (10) S. 5
[5] Vgl. (13) S. 92
[6] Vgl. (14) S. 11

mittels Stimmabgabe entschieden werden. Die Verfahren unterscheiden sich in der Komplexität und dem Ziel der Entscheidung.

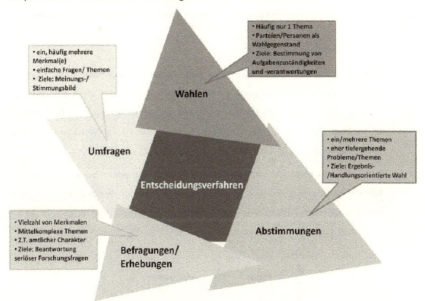

Abbildung 2 Abgrenzung verschiedener Entscheidungsverfahren[7]

Wahlen

Bei einer Wahl wird durch die Entscheidung eine Person oder Organisation für ein Aufgabengebiet gewählt. Hierbei kann es sich um eine politische Wahl oder eine Wahl in einer anderen Organisation[8] handeln.

Abstimmungen

Abstimmungen sind ergebnis- oder handlungsorientierte Entscheidungen zu Sachthemen oder Problemen. Wobei die zugrundeliegenden Themen komplexer Natur sind.

Befragungen/Erhebungen

Eine viel Zahl von Merkmalen bieten die Befragungen/Erhebungen, welche sich mit der Beantwortung von Fragestellungen welche in der Komplexität zwischen Umfragen und Abstimmungen liegen beschäftigen. Diese werden für wissenschaftliche Befragungen oder öffentliche Erhebungen eingesetzt.

---

[7] In Anlehnung an (9) S. 7
[8] z.B. Vereine, Aktiengesellschaft

<u>Umfragen</u>

Um eine Meinungs- oder Stimmungsbild zu einem Problem oder Thema zu bekommen werden einfache Fragen mit meistens mehreren Merkmalen zur Entscheidung gestellt.

2.5   Formen des eVoting

Es gibt verschiedene Formen von eVoting. Diese Formen unterscheiden wo IKT Methoden eingesetzt werden oder wie gewählt wird. In Abbildung 3 werden die Wahlformen nach Wahlort und -medium unterschieden, wobei das Medium elektronisch alle Methoden der IKT umfasst. Somit lässt sich eVoting nach dem Wahlort kategorisieren. In beiden Kategorien besteht die Möglichkeit eine Zwei-Phasen-Wahl[9] durch zuführen.

Zu den beiden Kategorien Distanzwahl und Präsenswahl gehört bei eVoting auch die Kategorie Wahlunterstützung, in welcher einzelne Schritte der Wahlphasen mit IKT gelöst sind. Die einzelnen Formen oder Ausprägungen des eVotings lassen sich auf in die drei Kategorien aufteilen, in diesen werden die wichtigsten Ausprägungen kurz erläutert.

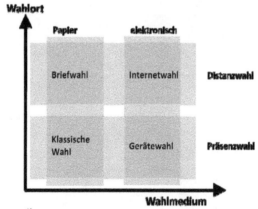

Abbildung 3 Wahlformen[10]

2.5.1   Distanzwahl

Bei der Distanzwahl ist der Ort an dem die Stimmabgabe erfolgt frei wählbar[11]. Wie auch bei der Präsenzwahl werden durch die Art der Entscheidung auch hier die weiteren Formen unterschieden.

---

[9] Unter Zwei-Phasen-Wahl wird verstanden das Stimmen vor dem Wahltermin verbindlich (z.B. Briefwahl) abgegeben werden können.
[10] Angelehnt an (17)
[11] Es muss von dem Ort aus möglich sein zu wählen, d.h. Internetzugang, Mobilfunkzugang, etc.

Internet - oder Onlinewahl

Zu beachten ist das die Internetwahl oft als Synonym für eVoting verwendet wird, genau betrachtet ist es aber eine Form davon. Die Abgabe erfolgt meist über einen Browser an dem sich der Benutzer legitimiert, es ist aber auch z.B. möglich via SMS vom einen Handy aus zu wählen. Internetwahlen werden für Wahlen, Abstimmungen und Erhebungen eingesetzt.

Web-Polls

Bei Web-Polls oder Web-Umfragen werden auf einer Webseite Multiple-Choice-Abstimmungen angeboten. Diese Abstimmungen lassen sich meistens nur durch einem angemeldeten Benutzer ausführen. Bei anonymen Umfragen ist es möglich den Poll mehrfach auszufüllen da Schutzmechanismen wie Cookies sehr leicht zu umgehen sind. Web-Polls werden für Stimmungsbilder eingesetzt.

2.5.2   Präsenzwahl

Bei der Präsenswahl wird die Wahl an einem festgelegten Ort, an dem der Teilnehmer sich zum wählen befinden muss, abgehalten. Hierbei werden die Formen Wahlmaschine und elektronische Präsenzabstimmung unterschieden. Beide nutzen fest installierte [13] Wahlgeräte, unterscheiden sich aber in der Art der der Entscheidung.

Abbildung 4 Wahlmaschine des niederländischen Herstellers Nedap [14]

Wahlmaschine

Die Wahlmaschine wird meistens bei politischen Wahlen zur Wahl von Personen oder Organisationen für Mandate eingesetzt. In einem Wahllokal nimmt der authentifizierte

---

[13] Unter fest installiert wird hier verstanden, das die Geräte bei dem Akt des Wählens keinen oder nur einen geringen Mobilitätsradius zulassen. Die Geräte können an sich aber mobil sein und so nur zu Wahlzwecken an einem Ort auf- bzw. abgebaut werden.
[14] (15)

Teilnehmer, entsprechend der Wahlvorgaben, an einer Wahlmaschine die Stimmabgabe vor. Die Ergebnisse werden am Ende dann dem Wahlvorstand bekannt gegeben oder wie bei vernetzten Wahllokalen an eine zentrale Stelle übermittelt.

elektrischen Präsenzabstimmung

Bei einer Präsenzabstimmung werden den wahlberechtigten Personen elektrische Wahlgerätegeräte verteilt. Diese haben meistens mehrere Knöpfe um zwischen den Wahlmöglichkeiten zu entscheiden. Dies ist eine sehr alte Form da schon Thomas Edison 1869 einen elektrischen Stimmenrekorder patentieren ließ, welcher im U.S. Kongress verwendet wurde (siehe Abbildung 5). Eine bekannt Form dieser Abstimmung ist der Publikumsjoker bei *Wer wird Millionär*.

Abbildung 5 Electric Vote Recorder von 1869[15]

2.5.3   Wahlunterstützung

Unter der Kategorie Wahlunterstützung werden all jene Systeme zusammen gefasst welche nicht die Abstimmung an sich betreffen, sondern verschiedene Aspekte in Wahlphasen erleitern wie z.B. die Stimmauszählung.

Vernetzte Wahllokale

Bei vernetzten Wahllokalen sind die Wählerlisten mit einander vernetzt, so dass der Wählende den Ort der Stimmabgabe begrenzt variieren kann. Er kann somit zu jedem der mit einander vernetzten Wahllokale gehen wo berechtigt ist.

Wahlkiosken

Bei Wahlkiosken handelt es sich um vernetzte Wahlmaschinen, welche die Ergebnisse der Wahl an eine zentrale Stelle übermitteln.

---

[15] (19)

eCounting

Beim eCounting wird nicht die Wahl an sich mit IKT Methoden durchgeführt, sondern diese werden bei der Zählung der Stimmzettel eingesetzt. Hierbei werden die Stimmzettel manuell erfasst und dabei laufend oder anschließend von der eingesetzten Software gezählt.[16]

2.6 Funktionsablauf eVoting

Der funktionale Ablauf von eVoting ist dem Ablauf einer normalen Stimmabgabe ähnlich, mit dem einzigen Unterschied, dass in verschieden oder einzelnen Phasen (Handlungen) IKT Methoden eingesetzt werden. Jede Phase gliedert sich in eine Liste von Handlungen, wobei je nach Entscheidungsverfahren alle Phasen aber nicht alle möglichen Handlungen der Phase genutzt werden. Nach folgende werden die Phase kurz erläutert und die wichtigsten Handlungen beschrieben.

Wahlvorbereitung

In der Wahlvorbereitung wird je nach Wahlmedium und Entscheidungsverfahren die Stimmabgabe vorbereitet. Die Arbeiten hierzu können sich über lange Zeiträume vor dem eigentlichen Wahltermin erstrecken. Zu den wichtigsten Handlungen dieser Phase gehören:

- Planung der Entscheidung
- Die Betriebsbereitschaft des Entscheidungssystems wird hergestellt
  (z.B. die Wahlurne oder Wahlmaschine wird aufgestellt oder die Webseite erstellt)
- Erzeugen der Wahlliste
- Vorbereitung zur Identifikation und Authentifizierung der Teilnehmer

Wahlhandlung

In dieser Phase findet die eigentliche Stimmabgabe statt, somit orientieren sich alle Handlungen daran.

- Identifikation und Authentifizierung der Teilnehmer
- Wahllistenmanagement
- Stimmabgabe
- Transport und Speicherung der Stimme

---

[16] (16)

Ermittlung des Wahlergebnisses

In dieser Phase gibt es nur zwei Handlungen, da hier nur das Ergebnis ermittelt wird.

- Ermittlung des Wahlergebnisses
- Weiterleitung des Wahlergebnisses

Nachbereitung/ Aufbewahrung

Alle Handlungen die nach der Ermittlung und Weiterleitung der Wahlergebnisse stattfinden, gehören in diese Phase.

- Aufräumen des Wahllokals
- Abbau bzw. Deinstallation des Entscheidungssystems
- Langzeitaufbewahrung der Daten bzw. Stimmzettel[17]

---

[17] Vgl. (20)

3 Umsetzung des eVoting

Bei der Umsetzung von eVoting sind verschiedene Aspekte zu beachten. Die wichtigsten Aspekte werden in diesem Kapitel kurz vorgestellt, diese sind Zielgruppe, Rahmenbedingung und Sicherheit.

3.1 Zielgruppen von eVoting

Bei den Zielgruppen werden durch die Einschränkungen der Gruppe der Nutzer definiert. Bei allen Angeboten kann der Nutzer durch seine technische Ausstattung und seinen Fähigkeiten zur Nutzung des Zuganges eingeschränkt sein. Je nach Grad der Einschränkung lassen sich vier Zielgruppen definieren, welche im Folgenden kurz vorgestellt werden.

<u>Vollkommen offene Angebote</u>
Auf Angebotsseite gilt die uneingeschränkte Offenheit des Angebotes.

<u>Gruppenbezogene offene Angebote</u>
Die Gruppenorientierung ist meist thematisch und dies führt zu einer leichten Einschränkung der Offenheit, die auch von den Anbietern gemacht sind. Die Gruppe kann in Größe und Zusammensetzung variieren.

<u>Gruppenbezogene semi-geschlossene Angebote</u>
Die Teilnehmer an semi-geschlossen Angeboten sehen sich schon relativ stark als Gruppe. Der Zugang zu diesen Angeboten ist meist nur nach einer Registrierung möglich, auch können durch Gruppenregeln nachträglich noch Nutzer ausgeschlossen werden. Diese Regeln werden von der Gruppe selbst vereinbart oder von Anbieter definiert.

<u>Gruppenbezogene vollkommen geschlossene Angebote</u>
Bei vollkommen geschlossen Gruppen handelt es sich um Insider Gruppen, welche Zugangsbeschränkungen zum Angebot hat. Neue Mitglieder müssen einen echten Prüfungsprozess durchführen um Mitglied der Gruppe zu werden. Über einen langen Zeitraum betrachtet sind solche Gruppen deswegen nur temporär vollkommen geschlossen.[18]

---

[18] Vgl. (18) S.86 ff.

3.2 Rahmenbedingungen

Die drei Rahmenbedingungen für den Einsatz von eVoting-Systemen werden in diesem Abschnitt vorgestellt.

3.2.1 technische

Für alle technischen Aspekte müssen die durch die gesetzlichen Rahmenbedingungen gegeben sicherheitstechnischen Anforderungen immer erfüllt sein, es können jedoch höhere Anforderungen als durch gesetzliche Regelungen gefordert angewendet werden. Es gibt 20 technische Anforderungen an eVoting Systeme. Diese sind:

1. Niemand außer dem Wähler selbst darf wissen was dieser gewählt hat.

2. Auch Administratoren dürfen nicht über technische Möglichkeiten, das Wahlgeheimnis brechen können

3. Der Wähler darf nach der Wahl nicht nachweisen können was er gewählt hat (Quittungsfreiheit)

4. Es muss sichergestellt werden, dass Angreifer auf die Daten erst nach Jahrzehnten in der Lage sind das Wahlgeheimnis zu brechen.

5. Es muss ein korrektes Ergebnis ermittelt werden

6. Es muss genau ein Wahlzettel pro berechtigte Person verarbeitet werden pro Wahlgang.

7. Bei Ausfall eines beliebigen Teilsystems muss dies ohne Datenverlust rekonstruiert werden. d.h. das Wahlergebnis darf nicht verfälscht werden.

8. Der Wähler muss deutlich aufgefordert werden neu zu wählen, wenn seine Wahl nicht verarbeitet werden konnte. Es muss immer klar sein ob die Wahl verarbeitet wurde oder nicht.

9. Ein einzelner Administrator darf das Ergebnis nicht manipulieren können, es müssen immer n nötig sein.

10. Die Sicherheit der Server muss gewährleistet sein, ebenso wie die Fehlerfreiheit der Software. Die Fehlerfreiheit muss nach gewiesen werden, eine eidesstattliche Versicherung des Herstellers reicht nicht.

11. Wenn wegen Wahlprüfungen Mehrfachauszählungen möglich sein sollen, so muss mathematisch bewiesen sein das es nicht möglich ist Stimmzettel zu manipulieren, zu entfernen oder hinzu zufügen.

12. Durch Hardwarefehler erzeugte Bitfehler, dürfen das Ergebnis nicht verändern.

13. Der Client eines eVoting Systems muss alle Sicherheitsanforderung des gesamten Systems erfüllen.

14. Der Betreiber der Wahl muss für die ausreichende Sicherheit der Konfiguration des Computers mit der Wahlsoftware sorgen.

15. Sollte der Wähler von einem beliebigen Computer wählen können, so sollte dies Möglich sein ohne Betriebssystem, Browser, etc. vor zu schreiben.

16. Während des gesamten Wahlzeitraums muss der Wahl-Service ohne Unterbrechung zu Verfügung stehen.

17. Dem Wähler muss die Möglichkeit gegeben werden sich jederzeit zwischen den angebotenen Wahlmethoden (z.B. zwischen Onlinewahl und Wahllokal) zu entscheiden.

18. Es dürfen keine Ausfallzeiten entstehen, wenn dezentralisierte Systeme genutzt werden.

19. Die Anforderungsdefinition, die Architektur, die Beschreibung des Wahl- Protokolls, die Sicherheits-Analyse, Konfigurationsdateien, die Spezifikation der Hardware und der vollständige Source-Code der eingesetzten Software sind für jedermann in einem ausreichendem Zeitraum vor der Wahl zu Verfügung zu stellen.

20. Es muss möglich sein das Bürger/Organisationen überprüfen ob das eingesetzte System dem vorgegeben System übereinstimmt.[19]

3.2.2 organisatorische

Planung, Konzeption, Überwachung und Organisation sind die Aufgabengebiete der organisatorischen Rahmenbedingungen. Hierbei ist das Ziel für einen Reibungslosen Ablauf bei der Entscheidung (Wahl) zu sorgen. Zu den Hauptaufgaben gehört hierbei die Einhaltung der rechtlichen Vorgaben, dies wird meistens durch ergänzende oder erweiternde organisatorische Vorgaben zu den technischen Verfahren realisiert.

3.2.3 rechtliche

Für viele Abstimmungen gibt es gesetzliche Grundlagen, hierbei wird jedoch nur selten auf die technischen Aspekte genau eingegangen. Die Wahlgrundsätze in nach Art. 38 Abs. Satz 1 Grund Gesetz[20] welche an die Wahl von Bundestagsabgeordnete gestellt werden gelten für alle politischen Wahlen in Deutschland. Diese müssen durch die technischen und/oder organisatorischen Rahmenbedingungen gewährleistet werden. Bei Einhaltung der 20

---

[19] Vgl. (21)
[20] allgemein, unmittelbar, gleich, frei und geheim

technischen Anforderungen sollten aber die Wahlgrundsätze erfüllt sein.

Das Bundesverfassungsgericht hat am 03.03.2009 entschieden das der Einsatz der Wahlcomputer bei der Bundestagswahl 2005 verfassungswidrig war. In der Urteilsbegründung wird ein Verstoß gegen die öffentliche Überprüfbarkeit gesehen. Hierbei wird Festgestellt das Wahlcomputer nach §35 Bundeswahlgesetz zulässig sind, jedoch sei die Bundeswahlgeräteverordnung verfassungswidrig, da dort nicht sicher gestellt ist das die Wahlsysteme dem Grundsatz der Öffentlichkeit genügen.[21]

Tabelle 1 Wahlgrundsätze => IT Sicherheit[22]

allgemein	Zugang Verfügbarkeit	Ausschluss einzelner/Gruppen Sabotage/Ausfall
unmittelbar	(Systembedingt, keine Mittler)	
frei	Kein gewaltsamer Einfluss	Stimmenkauf/Erpressung
gleich	Funktionstreue des Systems	Manipulation des Systems
geheim	Anonymität Vertraulichkeit Nicht-Verkünpfbarkeit	Aufdecken des Wählerverhaltens

3.3 Sicherheit von eVoting

Die Sicherheit bei eVoting Angeboten ist, gerade bei politischen Wahlen wichtig. Hierzu hat das Bundesamt für Sicherheit in der Informationstechnik (BSI) ein Common Criteria Schutzprofil[23] heraus gebraucht. Die einzelnen Aspekte dieses Basisansatzes werden im nachfolgenden kurz erläutert und für eVoting allgemein betrachtet.

3.3.1 Definition des Sicherheitsproblems

Bei der Definition des Sicherheitsproblems werden die zu schützenden Werte festgestellt, diese sind je nach eVoting Methode unterschiedlich. Die zu schützenden Werte (Daten) lassen sich in zwei Kategorien aufteilen.

- Benutzerdaten
- TSF[24]-Daten

---

[21] Vgl. (22)
[22] (23) S. 15
[23] (24)
[24] TSF = TOE (Target of Evaluation) Security Function

Außer den Werten sind die Personen welche das System nutzen bei der Definition zu beachten. Die Personen werden in Benutzer und Angreifer unterteilt, wobei das Ziel der Angreifer ist, den ordnungsgemäßen Wahlablauf zu stören, manipulieren oder zu verhindern. [25]

3.3.2 Definition der Bedrohung, Annahme und organist. Sicherheitspolitik

Für jede Art von eVoting Angebot gelten andere Rahmenbedingungen und somit sind Bedrohungen, Annahmen und die Organisatorische Sicherheitspolitik in einer Analyse für die spezielle Anwendung zu ermittel.

Bedrohungen ergeben sich aus Angriffsmöglichkeiten auf die Werte (Daten), wobei es verschiedene Arten von Bedrohungen gibt. Diese sind:

- Unbefugter Wähler
- Integrität der Daten
- Beweis
- Authentizität
- Archivierung
- Mit lesen der Daten
- Wahlgeheimnis

Unter organisatorischer Sicherheitspolitik werden, die Regel und Direktiven welche für die Wahl gelten sollen, verstanden. Für bestimmte Aufgaben oder Handlungen werden Festlegungen getroffen.

Die Sicherheitsauflagen an die Umgebung werden unter Annahmen zusammen gefasst. Hierbei werden Informationen zum

- beabsichtigten Gebrauch und
- der Umgebung benötigt. [26]

3.3.3 Sicherheitsziele

Für jede Bedrohung, Annahme und organisatorische Sicherheitspolitik wird ein Sicherheitsziel definiert und mit dieser verknüpft. Die Ziele geeignet sind die Anforderungen zu erfüllen (d.h. Bedrohungen wird entgegengewirkt, organisatorischer Sicherheitspolitik wird durch gesetzt und die Annahmen abzudecken). Hierbei sind alle Vorgaben plausibel

---

[25] Vgl. (24) S. 24
[26] Vgl. (24) S. 25ff

und nachvollziehbar zu halten. Wobei die Ziele in zwei Bereiche aufgeteilt werden die Umgebung und das elektronische Wahlgerät[27].[28]

3.3.4   IT Sicherheitsanforderungen

Die Verfeinerung der Sicherheitsziele in eine Menge Anforderungen ergeben die IT-Sicherheitsanforderungen. Die Anforderungen werden Unterteilt in:

- funktionale Sicherheitsanforderungen
- an die Vertrauenswürdigkeit

Es wird in einer Erklärung nachgewiesen, dass die Sicherheitsanforderungen geeignet sind die Sicherheitsziele zu erfüllen.[29]

---

[27] Server, Wahlmaschine, etc.
[28] Vgl. (24) S. 33ff
[29] Vgl. (24) S. 48ff

4 Nutzen des eVoting

Das folgende Kapitel befasst sich mit dem Nutzen von eVoting. Es wird hinterfragt warum man eVoting nutzen soll, welche direkten Vorteile (und auch Nachteile) entstehen durch die Verwendung dieser Wahlart.

4.1 Vorteile/Nachteile

In Tabelle 2 wird übersichtsweise auf die verschiedenen Vor- und Nachteile von eVoting eingegangen, auf die Punkte Auswertungsmöglichkeiten und Wahlbeteiligung wird nachfolgenden Abschnitten detailliert eingegangen.

4.2 Auswertungsmöglichkeiten

Ein besonderer Vorteil stellen sicherlich die Auswertungsmöglichkeiten dar. Ein jeder weiß bei großen Wahlen, wie die Wahl der amerikanischen Präsidenten oder des Bundestages, dass es eine gewisse Zeit in Anspruch nimmt, bis die Stimmen ausgezählt sind. Hier werden durch Wahlhelfer die Stimmzettel gezählt, was zeitintensiv und u.U. auch fehleranfällig ist. Dieses System lässt sich durch ein EDV gestütztes System vereinfachen und die Zeit bis zum Ergebnis verringern. Dabei sind dann Prognosen schneller möglich und werden wahrscheinlich eher Zwischenstände repräsentieren.

Hierbei bleibt zu unterscheiden, dass Wahlcomputer generell genauso zeitintensiv sind, wie die Präsenzwahl ohne Wahlcomputer, sie können hier bei der Wahl aber unterstützend eingreifen und die Auswertung in der Hinsicht unterstützen, dass die Stimmen sicherer ausgezählt werden.

Bei Wahlen verschiedener Kategorien gibt es immer wieder *ungewollt* falsch abgegebene Stimmen. Das Problem an dieser Stelle ist, dass diese nicht beabsichtigt falsch abgegebenen Stimmen, später das Bild der gewollten Wahl und des Ergebnis verfälschen können. Auch hier kann die EDV einen Beitrag leisten und beispielsweise Plausibilitätsprüfungen einführen und am Ende per Popup Fenster bei falschen Eingaben auf die Situation hinweisen. Dabei muss aber berücksichtigt bleiben, dass eine *gewollt* ungültige Stimmabgabe weiterhin möglich bleibt[30].

---

[30] Vgl. (1)

Tabelle 2 Vor- und Nachteile bei eVoting

	Vorteile	Nachteile
Mobilitätsgewinn	Wahlmöglichkeit für im Ausland lebende Personen	Bei Wahlcomputer oder Präsenzwhl fällt der Weg zum Wahllokal zu einem bestimmten Zeitpunkt an geheime Wahl kann leicht verletzt werden
Barrierefreiheit	Personen mit Behinderung können leichter an Wahlen mit teilnehmen	geheime Wahl kann leicht verletzt werden
Sicherheit	Sichere Übertragungen über das Internet stehen zur Verfügung	Wahlcomputer sind schon geknackt worden, diverse Sicherheitsattacken für Internetwahlen denkbar
Auswertungsmöglichkeiten	Schnellere Auswertungsmöglichkeiten stehen durch die EDV zur Verfügung. Bei Internetwahlen könnten Ergebnisse wenige Zeit nach Beendigung der Wahlen vorliegen. Entlastungen der oft ehrenamtlichen Wahlhelfer möglich	Data Mining kann zur Laufzeit genutzt werden um bestimmte personenbezogene Daten zu erheben, wenn keine entsprechenden Vorkehrungen getroffen werden
Wahlbeteiligung	Eeine Erhöhung von bis zu 10%[31] erhofft Es besteht die Möglichkeit, dass gerade die Jugend durch Internetwahlen mehr ins politische Geschehen einbezogen wird	
Wahlgrundsätze	Gelten bei eVoting genauso wie bei anderen Wahlformen	Die Allgemeine, freie und geheime Wahl können bei eVoting verletzt werden
Nachverfolgbarkeit	Bei einer Präsenzwahl per Stimmzettel ist die Nachverfolgbarkeit gegeben.	Gerade bei Wahlcomputern muss sich überlegt werden, die die Nachverfolgbarkeit jeder Stimme möglich ist.
Kosten	Mögliche Kostensenkungen realisierbar. Bei Briefwahlen wird ca. mit 5€ pro Stimme gerechnet[32], im Angesicht neuer Medien ergeben sich günstigere Möglichkeiten	Pannen bei eVoting oder Nachbesserungen bei Wahlcomputern können imense Kosten verursachen. So kann die Lagerung und Wartung viel Geld kosten[33]

---

[31] Vgl. (3)
[32] Vgl. (25) S. 41
[33] Vgl. (30)

Wenn man von Auswertungen spricht, fällt schnell auf, dass prinzipiell die IP Adresse eines jeden am Internet teilnehmenden Nutzers zu seinen Aktionen in Verbindung gebracht werden kann. Hier steht natürlich der Grundsatz der *geheimen* Wahl in Bedrängnis. Es ist sicher zu stellen, dass bei einer Auswertung durch bestimmte Verfahren es nicht möglich ist, diesen Zusammenhang zu erlangen.

In anonymisierter Weise sind die folgenden Fragestellungen möglich und bei Internetwahl als Dashboard für Internet und oder TV aufbereitbar

- Wie viele Personen haben aktuell gewählt, wie hoch liegt die Wahlbeteiligung
    - Vergleichbar mit dem Vorjahr, anderer Wahl, etc.
    - Was-wäre-wenn-Szenarien
    - Verhältnis von Männern und Frauen
- Wie ist die Verteilung der Wahlbeteiligung auf bestimmte Staaten bzw. Bundesländer
    - Drill-Down auf bestimmte Wahlbezirke oder Stadtteile
- Auswertung mit weiteren statistischen Daten wie bspw.
    - Sind Tageszeiten oder metrologische Aspekte (nur Wahlcomputer) für bestimmte Wählergruppen ausschlaggebend?
    - Abhängigkeit von sozialen oder kulturellen Ereignissen zur Wahl
- Diese Daten könnten somit per Echtzeit [34] dargestellt werden.

Der folgenden Abbildung[35] kann so ein Szenario entnommen werden

Abbildung 6 Eine mögliche Übersicht über aktuelle Wahlergebnisse

---

[34] Einen Versatz zwischen Abgabe der Stimme und Darstellung kann je nach Verarbeitung natürlich eine gewisse Zeit *t* in Anspruch nehmen.
[35] Entnommen aus (14), Seite 141

4.3   Altersgruppen

Bei den Altersgruppen stellt sich die generelle Gruppierung an. Dabei sprechen wir in dieser Arbeit von drei verschiedenen Generationen:

- Die Generation, die ohne Computer aufgewachsen ist. Hier wird im Folgenden auch von „älteren Menschen" gesprochen. Die Fähigkeit mit dem Computer umgehen zukönnen wurde später erlernt oder ist nicht vorhanden.

- Die Generation, die in der Computer-Enstehungsphase aufgewachsen ist und die Möglichkeit hatte am Computeralltag teilzunehmen, wobei hier der Computer noch nicht unbedingt zum alltäglichen Gut gehörte.

- Die Generation, für die der PC selbstverständlich schon von „Kindestagen" mit dazugehört, hier sprechen wir von der Computergeneration. In der Schule und zu Hause sind viele Tätigkeiten durch die EDV unterstützt.

Generell bleibt festzuhalten, dass in Deutschland ca. 64% der Bevölkerung das Internet nutzt bzw. nutzen kann, bei der Weltbevölkerung liegt das mit ca. 17% deutlich geringer[36]

4.3.1   Generation der älteren Menschen

Wenn wir über ältere Menschen sprechen und eine Gruppe von 55 Jahren aufwärts betrachten so stellt man fest, dass diese sogenannten „Silversurfer" gar nicht so selten sind und seit 1995 bspw. extrem zugenommen haben. Heute sind bei den 55 jährigen ca. 90% Online und mit dem Netz vertraut, wobei sich hier der Aspekt bequem Themen von zu Hause erledigen zu können an Bedeutung gewinnt.[37] Online Wahlen per Internet unterstützen ältere Menschen durchaus, in dem sie nicht mehr sich räumlich und zeitlich zu organisieren haben, sondern nur die Zeitkomponente beachten müssen, was gerade Mobilitätseingeschränkten hilft. Wahlen per Wahlcomputer haben auf die Mobilität keinen Einfluss, da der Gang zum Wahllokal nicht entfällt.

Betrachtet man die demografische Entwicklung, so wird die Bevölkerungspyramide immer breiter bei älteren Menschen wird. Diese Gruppe würde zwar auf den ersten Blick von Internetwahlen profitieren, allerdings gehört diese Gruppe nicht zu denen, die prinzipiell weniger wählen gehen[38], sondern zu einer Gruppe die generell sowieso eher an der Wahl teilnimmt als beispielsweise die junge Generation.

---

[36] Vgl. (26).
[37] Vgl. (37)
[38] Vgl. (8)

Die Unsicherheit vor Neuem und das eher konservative Verhalten der älteren Generation werden somit eher gegen eine positive Entscheidung für eVoting fallen, am deutlichsten wohl gegen die Internetwahl als die Wahlcomputer.

4.3.2   Generation der Computergründungszeit

Die Generation die zur Zeit des Computeraufstiegs existierte und die ersten Berührungen mit Computern gemacht hatte, teilt sich oft in zwei verschiedene Gruppen. Beide Gruppen kann man demnach auch wieder von dem Verhalten in die alte (vgl. 4.3.1) oder junge Generation (vgl. 4.3.3) zuteilen.   Deswegen wird in dieser Arbeit keine weitere Unterscheidung mehr vorgenommen, sondern diese Generation zu eine der anderen beiden zugezählt.

4.3.3   Generation der jungen Menschen

Für die junge Generation gehört der Computer zum Alltag. Hier werden Informationen per Hardware konsumiert, die es früher in Desktop PC's gegeben hat und diese sind heute im Mobiltelefon untergebracht. Der Trend zum Überallcomputing ist hier stark ausgeprägt, Schulen und Universitäten setzen ebenfalls auf die computergestützte Ausbildung. Der Anteil derer, die nicht mit den Onlinediensten umgehen kann ist sehr gering. Schon in der Schule wird auf EDV verstärkt Wert gelegt.

Diese Selbstverständlichkeit im Umgang mit den Computern und ein komplett anderes Konsumverhalten in Web2.0 Services machen es erst möglich für die neuen Medien und eine möglicherweise geänderten Wahlform empfänglich zusein. Das Internet wird hier auch mit Fokus auf *Mobile Computing* benutzt.

4.4   Wahlbeteiligung

Eine Erhöhung der Wahlbeteiligung ist gewünscht und es wird sich durch das E-Voting erhofft, dass mehr Personen wählen, da sie keinen räumlichen Einschränkungen mehr unterliegen (hinsichtlicher der Internetwahl). Generell ist die Wahlbeteiligung gerade bei Bundestagswahlen rücklaufend und es wird gehofft mindestens eine Stabilisierung der Wahlbeteiligung zu erlangen, wenn nicht gar eine Erhöhung (1 S. 175).

Ob sich der einzelne Bürger für eine Internetwahl entscheidet hängt von einem wesentlichen Faktor ab, der in dem Mistrauen gegenüber Onlineverfahren begründet liegt. Im Jahre 2000 beispielsweise hielten 25% der Deutschen eine Wahl für sich denkbar, weitere 25% der Bürger würden dieses aus Sicherheitskriterien nicht benutzen.

Gern angebrachte Argumente bei herkömmlichen Wahlen, dass beispielsweise schlechtes Wetter zu niedriger Wahlbeteiligung führen, sind oft überschätzt und nicht richtig [8]. Deshalb bleibt abzuwarten, ob sich prinzipiell durch eine Onlinewahl überhaupt mehr Personen wählen gehen oder an einer Wahl teilnehmen, und nicht eher andere Gründe sind, die Personen nicht zum Wählen gehen antreiben.

Vertreter von Internetwahlen gehen i.d.R. von einer Größenordnung um 10% aus, die bei eVoting erreicht werden könnte[39].

Eine Person, die nicht real wählt, wird auch nicht unbedingt durch eine Onlinewahl angesprochen werden, allerdings wird eine sehr politikinteressierte Person mit hoher Wahrscheinlich wählen gehen – online oder per Wahllokal – es bleibt also fraglich ob eine Wahlbeteiligung durch eine Onlinewahl erhöht werden kann.

Interessant bleibt die junge Generation, für die das „Online-sein" als selbstverständlich gilt, sollte diese Jugend auch die Wahl für selbstverständlich halten, so wird es durchaus eine höhere Wahlbeteiligung bei der jungen Generation geben können, während es sich auf die anderen Generation wahrscheinlich weniger auswirken wird. So ist es nämlich gerade das Alter und damit bestimmte Altersgruppen die tendenziell weniger wählen gehen, als andere. Das ist eben gerade ein Altersbereich der noch vor dem typischen Politkinteresse liegt. Dieses setzt für gewöhnlich dann ein, wenn sich familiär niederlässt und am gesellschaftlichen und sozialen Leben teilnimmt[40].

Betrachtet man Web 2.0 Services wie Twitter so kann dieses einen ganz anderen Bezug zur Politk schaffen. Bei Twitter schreibt man in kurzen Zügen, was man aktuell macht oder tut. Nach Obama haben auch deutsche Politer dieses Web 2.0 für sich entdeckt. So ist es doch für Jugendliche heute nicht unbedingt denkbar sich ein Wahprogramm einer Partei durchzulesen und dann zur Wahl zu gehen, geschweige denn sich dieses irgendwo zu bestellen. Stellt man aber das Wahlprogramm in kleinen „Häppchen" zur Verfügung, auf einem Web 2.0 Medium wie Twitter oder ähnlichem, ist der Zugang deutlich einfacher. So stellen hier Parteimitglieder TV Sendungen vor, Links rund um die Politik: alles aufbereitet in maximal 140 Zeichen bei Twitter, man muss sich also kurzfassen. Und das kommt an, wie man der FAZ [41]und den Followern einigen Politikern sehen kann.

Auch jetzt wieder nach der schlechten Wahlbeteiligung der Europawahl, werden Stimmen

[39] (2) (3)
[40] (4)
[41] (5)

nach Onlinewahlen und sogar nach Wahlpflicht laut [42]. Wie man allerdings bei Studentenvertretungen in Österreich[43] im Mai dieses Jahres sehen konnte, vermag das das E-Voting allerdings nicht unbedingt eine Erhöhung der Wahlbeteiligung herbeizuführen.

---

[42] (6)
[43] (7)

5 Entwicklungsstand des eVotings

Das folgende Kapitel stellt einen groben Überblick über den Entwicklungsstand des E-Votings dar.

Generell lässt sich sagen, dass schon viele Wahlen durch eVoting durchgeführt worden sind, wobei der Fokus hier mehr auf Wahlcomputern als auf der Internetwahl lag. Es gibt für beide Ansätze reale Beispiele und Wahlen, dass diese Möglichkeit der Wahl durchführbar ist. Es gibt allerdings trotz rechtsgültiger Wahlen[44] immer wieder Anfechtungen von eVoting Wahlen[45] und auch das Bundesverfassungsgericht den generellen Einsatz von eVoting als verfassungswidrig erklärt[46].

Weiterhin treten noch häufiger Pannen[47] auf oder es werden eVotingprojekte eingestellt[48] nicht zuletzt wegen den hohen Kosten.

Die folgenden Abschnitte gehen auf das eVoting in der Europäischen Union, der Schweiz und den USA ein und geben einen extra Einblick in die politischen Wahlen.

5.1 eVoting in der europäischen Union

Die erste rechtsverbindliche Internetwahl wurde in Deutschland durchgeführt (8). Das betraf die im Jahr 2000 durchgeführte Wahl zum Studierendenparlament in Osnabrück. Hierbei stand das eVoting (Wahl über Internet) als Alternative zur herkömmlichen Stimmzettelabgabe zur Verfügung. Im Bereich von Vereinen und Verbänden wurden schon über 30 weitere Wahlen in Deutschland durchgeführt.

Rechtsgültige Wahlen gibt es bspw. in Niederlande oder Estland auch seit 2002. Elektronische Wahlen – ob kontrolliert oder unkontrolliert – gibt es in Europa. In Bezug auf Wahlbetrug in Deutschland ließ sich bis jetzt nur wenig nachweisen[49] aber auch hier scheint es keine absolute Sicherheit zu geben – weitere Verdachtsmomente gab es aber auch hier[50]

Hervorzuheben bleibt Estland, in diesem Land wurden im Oktober 2005 die Stimmabgaben für die Kommunalwahlen per I-Voting zugelassen. Es bestand die Möglichkeit über das

---

[44] Vgl. (27) & (16)
[45] Vgl. [19]
[46] Vgl. (22) & (28)
[47] Vgl. (29)
[48] Vgl. (30)
[49] Vgl. (33)
[50] Vgl. (29)

Internet abzustimmen oder aber auch an Wahlcomputern das Kreuz zu machen. Dabei hat man in Estland festgestellt, dass eVoting keine direkte Abhängigkeit zu Alter, Geschlecht oder Einkommen hat sondern überwiegend darin begründet liegt, ob jemand in eVoting vertraut oder nicht[51].

5.2   eVoting in den USA

eVoting in den USA steht unter dem Anfang des Jahres 2009 verhängten Urteil (9) gegen den Betrug mit Wahlcomputern[52]. Die Wahlvorgänge innerhalb der Wahlcomputer waren nur schwer nachvollziehbar, so gibt es beispielsweise keinen Ausdruck oder wenig Kontrolle über den eigenen Wahlvorgang, das stellt hier das gleiche Problem dar, wie bspw. auch in Deutschland.

So worden in South Dakota beispielsweise 5000 Stimmen durch Wahlcomputer zu viel gezählt[53].

Anders als in Europa unterliegt es den jeweiligen Bundesstaaten zu entscheiden ob und welche Wahlcomputer sie einsetzen.

Die Idee bei dem groß angelegten Internetwahlprojekt *Secure Electronic Registration and Voting Experiment* (SERVE) war, dass man so bei den Präsidentschaftswahlen 2004 Soldaten und im Ausland befindlichen amerikanischen Staatsbürgern die Gelegenheit geben wollte, an den Wahlen teilzunehmen. Die Lösung ist über eine geschützte Verbindung in Verbindung mit ActiveX realisiert. Für andere Browser als IE gäbe es die Möglichkeit dieses per Javaapplet zu realisieren, sodass praktisch jeder neuerer Browser unterstützt werden würde.

Im Januar 2004 empfohlen Sicherheitsexperten, das System nicht einzusetzen. Ungeklärte Sicherheitsfragen führten dazu, dass die ca. 100000 Soldaten und deren Angehörigen der ca. 6 Millionen im Ausland lebenden Amerikaner nicht über das Internet wählen konnten. Das Projekt wurde eingestellt und kostete die USA um die 22 Millionen Dollar.

5.3   eVoting in der Schweiz

Die Schweiz startet mit 2002 mit dem ehrgeizigen Ziel, dass 2010 alle Wahlen über das Internet möglich sein sollen. Dabei ist zu beachten, dass in der Schweiz die Begriffe *eVoting* oder auch vote électronique immer mehr für das remote eVoting benutzt werden als bspw.

---

[51] Vgl. (35)
[52] Vgl. (31)
[53] Vgl. (34)

Wahlcomputer.

2003 wurde in der Schweiz begonnen, die Grundsteine für eine Form des eVotings zu legen. Nach den „recommendations of the Council of Europe" mußten die Wahlen

- Alle Prinzipien des demokratischen Wählens repräsentieren
- Die gleichen Anforderungen und Sicherheiten bieten wie nicht nicht elektronischen Wahlen
- Auf nationaler Ebene immer extra dem Bundesrat vorgelegt und durch diesen autorisiert werden.
- Alle Daten, die erhoben worden sind wie Name, Geburtsdatum mussten nach der Zulassung anonymisiert werden.

Seit 2003 liegt in der Schweiz ein Gesetz vor, welches den Einsatz von eVoting erlaubt[54].

In den Jahren 2004 und 2005 standen 5 eVoting Pilotprojekte in verschiedenen Kantonen an von denen alle ohne Zwischenfälle verliefen. Auch in der Schweiz stand hinter dem eVoting die Hoffnung der Wahlerhöhung, gerade durch Randgruppen oder solche, die normal nicht zur Wahl gehen. Das Hauptaugenmerk lag hier mit auf der Jugend (*immer online*) der alten Generation (fehlende Mobilität) und auch Behinderten Personen.
2004 wurde eine Umfrage unternommen, in der das Potential der eVoting Wähler untersucht worden ist.

Dabei war auffällig das in der Schweiz 2/3 der Wahlberechtigten Zugang zum Internet haben. Dabei ist die Quote beim Internetzugang deutlich höher, wenn man die junge Generation oder die besser gebildeten betrachtet.
In der Schweiz geht man davon aus, das eVoting keine großen verteilungsrelevanten Einflüsse der Sitze hat.

---

[54] Vgl. (36)

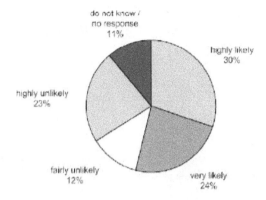

Abbildung 7 Wie wahrscheinlich würden Schweizer eVoting nutzen wollen?

Aber auch in der Schweiz ist der erste Hype um die Onlinewahlen zurückgegangen[55]. Wie auch in anderen Ländern kommen immer wieder Fragen zur Transparenz und Vertrauen auf. So wird in der Schweiz die Versuchsphase bis auf 2011 ausgedehnt. Abgesehen von einer universitäreren Wahl[56] sind keine nennenswerten Fälle bekannt, die von Problemen berichten.

5.4   eVoting bei politische Wahlen

Rechtsgültige Wahlen per Internetwahl (siehe 0) in Deutschland fanden nur zu nicht-politisch-parlamentarischen Wahlen statt. Dazu zählen vor allen Vereins- oder Gremienwahlen. Der universitäre Bereich hat hier schon zahlreiche Wahlen vorzuweisen. eVoting per Wahlcomputer (siehe **Fehler! Verweisquelle konnte nicht gefunden werden.**) hat schon eine größere Verbreitung erfahren als die Internetwahl.

Betrachtet man die Abbildung 8 Gefahrenpotential bei Wahlen[57] dann kann man erkennen, dass natürlich bei Bereichen wie der Bundestagswahl ein viel größeres Gefahrenpotential vorhanden ist, als bei einer Vereinsabstimmung, und folglich sind auch mehr Wahlen in Vereinen vorgenommen worden, als auf höherer politischer Ebene. Gerade die rechtliche Situation bei bedeutenden politischen Wahlen und die daraus möglichen Konsequenzen sind höher als in allen anderen Bereichen.

---

[55] Vgl. (38)
[56] Vgl. 20
[57] Eigene Darstellung nach (25 S. 48)

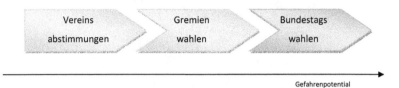

Abbildung 8 Gefahrenpotential bei Wahlen

In der Tabelle 3 sind die beiden Themen Wahlcomputer und Internetwahl in thematischen Zusammenhang mit Wahllokal und Briefwahl gebracht.

Tabelle 3 Wahlcomputer und Internetwahl

	Kontrolliert	Unkontrolliert
Nicht Elektronisch	Wahllokal	Briefwahl
Elektronisch	Wahlcomputer	Internetwahl

Die beiden folgenden Abschnitte betrachten die Wahlcomputer, die auch in Deutschland schon Einsätze bei politischen Wahlen hatten und die reinen Internetwahlen, die ohne einen Gang in das Wahllokal abgehalten werden können.

5.4.1 Wahlcomputer

Nedap stellte die einzigen in Deutschlang zugelassenen Wahlcomputer her. Das Bundesverfassungsgericht [58] hat aber den Einsatz von Wahlcomputern 2009 für verfassungswidrig erklärt. Somit ist derzeit eine Wahl mit Wahlcomputern ausgeschlossen und verboten.

Trotzdem sind bis zu diesem Urteil Wahlcomputer bei der Bundestagswahl 2005 und verschiedenen Landtagswahlen zum Einsatz gekommen[59]. Damit haben die Wahlcomputer eine größere Verbreitung und Einsatz als Internetwahlen.

---

[58] Vgl. (28)
[59] Vgl. (16)

Durch den Einsatz des Wahlcomputer gab es immer wieder Medienpräsenz:

- Oft sind es hohe unkalkulierte Kosten oder auch Folgekosten, die ein Projekt zum Scheitern bringen60.Es kommt vor, dass die Kosten falsch kalkuliert sind, oder aber Nachbesserungen an Wahlmaschinen notwendig werden um aufgetretene Sicherheitsprobleme zu beseitigen.
- Es treten immer noch Pannen auf, die direkt auf das eVoting zurückzuführen sind61
- Ungeklärte Sicherheitsfragen und mögliche Angriffsarten.
- Eine ganz zentrale Frage bleibt auch die Nachvollziehbarkeit der Auswertungen. Bei einem Stimmzettel, kann einfach noch mal nachgezählt werden. Bei Wahlmaschienen ist das komplizierter.
- An Wahlcomputern können die Abgaben schwer von den Wählern selber noch mal überprüft werden
- Die Möglichkeit nachzuweisen, dass es keine Sicherheitsprobleme während der Wahl gegeben hat ist schwierig nachzuweisen.

5.4.2   Internetwahl

Die Wahlgrundsätze *geheim*, *frei*, *gleich*, *allgemein* und *unmittelbar* müssen auch bei Wahlen im Internet gegeben sein. Hierbei wird bei der *geheimen* Wahl die Verantwortung vom Staat auf den Bürger übertragen. Auch der gern angebrachte Vergleich zur Briefwahl ist hier nur indirekt gültig, da durch das Bundesverfassungsgericht klar geregelt wurde, dass die Briefwahl nur in Ausnahmefällen zu gewähren ist – die Internetwahl soll als vollwertige Alternative benutzt werden.

Betrachtet man den Grundsatz der allgemeinen Wahl, so wird deutlich, dass hier eine Teilung der Bevölkerung vorgenommen wird, nämlich in die, die mit der digitalen Welt umgehen können und die, die eben dieses nicht können.

Ebenso ist ein wichtiger Punkt, die Wahlen unabhängig von Browser und / oder Betriebssystem durchgeführt werden können. Auch hier hat und gibt es aktuell noch Schwierigkeiten.

---

[60] Vgl. (30)
[61] Vgl. (29)

Dass die Internetwahlen noch in den Kinderschuhen stecken, kann man an vielen Stellen sehen,

- Die in 4.2 erhofften schnelleren Auswertungsmöglichkeiten sind nicht so umgesetzt wie erhofft, oft kommt es zu verspäteten und verzögerten Ergebnissen, die die Wahlergebnisse eher verlangsamen.[62]

- Sicherheitslücken oder zu mindestens Probleme[63] im Bereich der Internetwahlen machen das eVoting zur Zeit über das Internet zur Zeit zu keiner wirklichen Alternative zur herkömmlichen Wahl.

- Bei Internetwahlen besteht die Gefahr, dass Wahlstimmen verkauft werden könnten. Dadurch, dass die Wahl dann vor dem heimischen PC ausgeführt wird fehlt die Kontrolle bei den Wahlen.

- Trotz aller Kritik sind auch gute Ergebnisse in der Schweiz und bspw. Estland zu verzeichnen, die auch rechtliche Gültigkeit besitzen.

---

[62] (7)
[63] (39)

6 Fazit

Ob eVoting die Wahlbeteiligung wieder nach oben bringen kann bleibt kritisch zu hinterfragen, sind es doch nicht überwiegend die Personen die aus Gründen der Mobilität nicht zur Wahl gehen, sondern mehr allgemeine Politkverdrossenheit. eVoting stellt im Zuge der globalen Vernetzung aber trotzdem den Schritt in die richtige Richtung dar. Und in der Richtung nimmt auch Deutschland einen recht guten 8ten Platz von 31 Ländern ein[64], der durch den sogenannten eVoting-Readiness-Index beschrieben wird. Die Schweiz erreicht hier den 5. Platz, die USA sind auf Platz 2 und Spitzenreiter ist hier England.

Es ist wichtig auch politische Themen und Abstimmungen im Zuge des Web 2.0. Sollte es gelingen die junge Generation durch das Internet auch der Politik zugänglich zu machen, besteht berechtigte Hoffnung, dass man diese Altersgruppe mehr denn je zur Wahl bekommt.

Ungeachtet der möglichen Vorteile bleibt kritisch zu hinterfragen, wie es allgemein mit den Wahlgrundsätzen aussieht. Auch eine neue Möglichkeit zur Wahl muss *geheim*, *frei*, *gleich*, *allgemein* und *unmittelbar* sein. Generell sind die Wahlen per Wahlcomputer wahrscheinlich schneller umzusetzen, als die Wahlen per Internet.

Elektronische Wahlen werden die Papierwahl nicht ablösen sondern nur eine Erweiterung darstellen, eine dafür nötige Verfassungsänderung ist wahrscheinlich.

Positiv für das eVoting festzuhalten bleibt, dass alleine in Deutschland mehr als 30 erfolgreiche Wahlen stattgefunden haben. Die Software wird ständig verbessert und Pannen - gerade Sicherheitsprobleme - können und konnten verringert werden.

Allerdings steht gerade mit den noch teuren Kosten ein wirtschaftlicher Aspekt auf der Contraseite, zusätzlich hat eVoting praktisch überwiegend im nicht politischen Bereich Erfolge gehabt und letztendlich bleibt die rechtliche Frage nach dem Einsatz immer noch nicht ganz geklärt. Der größte Nutzen würde wahrscheinlich durch das eVoting per Internet erzeugt werden können.

---

[64] Vgl. (32)

Abkürzungsverzeichnis

IKT	Informations- und Kommunikationstechnologie
TOE	Target of Evaluation
TSF	TOE Security Function

Abbildungsverzeichnis

Tabellenverzeichnis

Literaturverzeichnis

1. **Schmidt, Otto.** *E-Government.* Köln : s.n., 2003.

2. **M.Wagner, Ralf.** *Demokratie und Internet: Einfluss des neuen Mediums auf die demokratische Staatsform (Taschenbuch).* s.l. : Books on Demand GmbH, 2003.

3. **Kuri, Jürgen.** Online-Wahlen gefallen dem Bitkom. [Online] heise online, 19. 06 2009. [Zitat vom: 12. 07 2009.] http://www.heise.de/newsticker/Online-Wahlen-gefallen-dem-Bitkom--/meldung/140761.

4. **Lutz, Georg.** *Participation, Information and Democracy: The Consequences of Low Levels of Participation and Information for the Functioning Democracy.* s.l. : Lit Verlag, 2006.

5. **Frankfurter Allgemeine Zeitung.** 17.05.09, s.l. : Frankfurter Allgemeine Zeitung.

6. Focus Online. *Wahlen 2009.* [Online] 09. 06 2009. [Zitat vom: 07. 07 2009.] http://www.focus.de/politik/deutschland/wahlen-2009/europawahl/tid-14521/spd-politiker-wer-nicht-waehlt-soll-zahlen_aid_406528.html.

7. **Meyer, Carsten.** heise online. [Online] 31. 05 2009. [Zitat vom: 30. 06 2009.] http://www.heise.de/newsticker/E-Voting-in-Oesterreich-Wahlbeteiligung-auf-Rekordtief--/meldung/139663.

8. **Kaletka, Christoph.** *Die Zukunft politischer Internetforen: Eine Delphi-Studie.* s.l. : Lit-Verlag, 2003.

9. Kentucky.com. [Online] 03. 03 2009. [Zitat vom: 07. 07 2009.] http://media.kentucky.com/smedia/2009/03/19/17/clayindict.source.prod_affiliate.79.pdf.

10. **Prof. Dr. Kubicek, Herbert, et al.** *E-Partizipation – Elektronische Beteiligung von Bevölkerung und Wirtschaft am E-Government.* Studie im Auftrag des Bundesministeriums des Innern, Ref. IT 1. Bremen : Institut für Informationsmanagement Bremen GmbH, 2008.

11. **Gesellschaft für Informatik e.V. (GI) & Informationstechnische Gesellschaft (ITG).** *Electronic Government als Schlüssel zur Modernisierung.* Stuttgart : Alcatel SEL AG, 2000.

12. **Meier, Andreas.** *eDemocracy & eGovernment: Entwicklungsstufen einer demokratischen Wissensgesellschaft.* Berlin : Springer, 2009.

13. **Hansen, Marit und Meissner, Sebastian.** *Verkettung digitaler Identitäten.* Kiel : Lulu Inc., 2007.

14. **Kimmer, Robert.** *e-Voting.at: Elektronische Demokratie am Beispiel der östereichischen Hochschülerschaftswahlen.* Wien : Institut für Informationsverarbeitung und Informationswirtschaft der Wirtschaftsuniversität Wien, 2002.

15. **Nedap/AP.** *Wagnis Wahlmaschine.* [Online] Stern.de, 23. 03 2006. [Zitat vom: 12. 06 2009.] http://www.stern.de/politik/deutschland/:Elektronische-Stimmenabgabe-Wagnis-Wahlmaschine/558179.html.

16. **Chaos Computer Club Berlin.** *Wahlcomputer: e-Counting.* [Online] [Zitat vom: 12. 06 2009.] https://berlin.ccc.de/wiki/Wahlcomputer:_e-Counting.

17. *The Role of the Election Commission in Electronic Voting.* **PROSSER, Alexander, et al.** [Hrsg.] HICSS. s.l. : IEEE ComputerSociety Press, 2005. Proceedings of the 38th Hawaii International Conference on System Sciences.

18. **Brandt, Martin und Volkert, Bernd.** *E-Voting im Internet - Formen, Entwicklungsstand und Probleme.* Stuttgart : Akademie für Technikfolgenabschätzung in Baden-Württemberg, 2002.

19. **The State University of New Jersey.** *The Thomas Edision Papers: Vote Recorder.* [Online] 08. 05 2008. [Zitat vom: 13. 06 2009.] http://edison.rutgers.edu/vote.htm.

20. **Meißner, Nils, Hartmann, Volker und Richter, Dieter.** *Anforderungen als Voraussetzung der Prüfung von Online-Wahlsystemen.* Berlin : Physikalisch-Technische Bundesanstalt (PTB), o.A.

21. **Wilm, Peter.** *Notwendige technische Anforderungen an eVoting-Systeme für staatliche Volksvertreter-Wahlen.* Oldenburg : Universität Oldenburg, o.A.

22. **Bundesverfassungsgericht.** Pressemitteilung Nr. 19/2009 vom 3. März 2009. [Online] 03. 03 2009. [Zitat vom: 22. 06 2009.] http://www.bundesverfassungsgericht.de/pressemitteilungen/bvg09-019.html.

23. **Grimm, R.** IT-Risk Management und E-Voting. [Online] 31. 01 2006. [Zitat vom: 02. 07 2009.] http://www.uni-koblenz.de/FB4/Contrib/EGOV/congress/archive/egovday2006/20060131_grimm_egovday_pdf.

24. **Bundesamt für Sicherheit in der Informationstechnik.** *Common Criteria Schutzprofil für Basissatz von Sicherheitsanforderungen an Online-Wahlprodukte.* Bonn : Bundesamt für Sicherheit in der Informationstechnik, 2008.

25. **Hubertus Buchstein, Harald Neymanns.** *Online-Wahlen.* s.l. : Leske+Budrich Verlag, 2002.

26. Spiegel Online. [Online] Spiegel. [Zitat vom: 30. 06 2009.] http://www.spiegel.de/netzwelt/web/0,1518,grossbild-834131-474402,00.html.

27. Competence Center for Electronic Voting and Participation. [Online] 2009. [Zitat vom: 07. 07 2009.] http://db.e-voting.cc/de.

28. **Bundesverfassungsgericht.** [Online]

29. **Bögeholz, Harald.** heise online. [Online] 12. 04 2009. [Zitat vom: 30. 06 2009.] http://www.heise.de/newsticker/Wahlmaschinenpanne-in-Finnland-Neuwahlen--/meldung/136092.

30. **Rötzer, Florian.** heise online. [Online] 27. 04 2009. [Zitat vom: 30. 06 2009.] http://www.heise.de/newsticker/Irland-stoppt-E-Voting-Projekt--/meldung/136850.

31. **Mühlbauer, Peter.** heise online. *Erster dokumentierter Fall von E-Voting-Betrug.*
[Online] 25. 03 2009. [Zitat vom: 30. 06 2009.]
http://www.heise.de/tp/r4/artikel/30/30000/1.html.

32. **Hochstätter, Christoph H.** ZDNet Security. *Studie: Deutschland gut gerüstet für E-Voting.* [Online] 08. 08 2008. [Zitat vom: 30. 06 2009.]
http://www.zdnet.de/news/wirtschaft_sicherheit_security_studie_deutschland_gut_gerue
stet_fuer_e_voting_story-39001024-39194695-1.htm.

33. sueddeutsche.de. *Dachauer Wahlfälscher müssen mehr als 116.000 Euro zahlen.*
[Online] 08. 08 2006. [Zitat vom: 07. 07 2009.]
http://www.sueddeutsche.de/politik/128/394916/text/.

34. **Zettler, Kim.** Wired Threat Level. *Voting System Adds Nearly 5,000 Ballots to Tally.*
[Online] 05. 06 2009. [Zitat vom: 07. 07 2009.]
http://www.wired.com/threatlevel/2009/06/voting-machine-adds-nearly-5000-ballots-to-
tally/.

35. *Electronic Voting 2006.* **(Ed.), Robert Krimmer.** Castle Hofen, Bregenz, Austria : s.n.,
2006.

36. **Eidgenossenschaft, Die Bundesbehörden der Schweizerischen.** www.admin.ch.
[Online] 01. 01 2003. [Zitat vom: 12. 07 2009.]
http://www.admin.ch/ch/d/sr/161_1/a8a.html.

37. **Europe, Mediascope.** EIAA Silver Surfers Report - Executive Summary. *EIAA Silver
Surfers Report - Executive Summary.* [Online] [Zitat vom: 27. 07 2009.]
http://www.eiaa.net/Ftp/casestudiesppt/EIAA_Silver_Surfers_Executive_Summary.pdf.

38. **Sietmann, Richard.** Transparenz, Vertrauen und Kontrolle. [Online] 2008. [Zitat vom: 27.
07 2009.] http://www.heise.de/ct/Die-Einwaende-der-E-Voting-Kritiker-zeigen-Wirkung--
/artikel/126484.

39. **Wilkens, Andreas.** heise Security. [Online] 18. 05 2009. [Zitat vom: 27. 07 2009.]
http://www.heise.de/security/Sicherheitsluecken-bei-oesterreichischer-Buergerkarte-trotz-
Zertifizierung--/news/meldung/137996.

www.ingramcontent.com/pod-product-compliance
Lightning Source LLC
La Vergne TN
LVHW042127070326
832902LV00037B/1196